망나니의 선택
그것은
인연이었다

망나니의 선택
그것은
인연이었다

강대성 시산문집

책을 내면서

책을 낸다는 것이 아마 모든 사람에게 다 똑같이 설레고 두려울 것 같다는 생각이 든다. 내 삶을 드러내 보여야 하고 평가를 받아야 하는 것이기에. 평가는 그대가 하는 것이고 나는 내 인생을 그려내고 싶었다. 더구나 몇 번을 내려고 하다 능력 부족을 인지하고서 접기를 반복했었는데 실제 책으로 나온다고 하니 자만심도 있지만 부끄럽기도 하다. 나의 진심을 그대들은 하찮게 평가할지 몰라도 내 삶을 드러내고 진정으로 안내도 해 주고 싶은 내용이라 책으로 엮었음을 양지해 주시기 바란다.

사실 책 내기를 거의 포기한 상태였었는데 올해 늦은 봄날 경주의 동리목월문학관에서 직원이 나에게 주신 책을 보다가 평론가의 한마디가 나에게 힘을 주었다. 현대시들을 보면 일반인들이 이해하기가 힘이 들어 오히려 시의 대중화를 저해하는 점도 있으며 글은 잘 쓰는 것도 중요하지만 무엇보다 진심, 성심이 있다면 그것이 독자에게 가장 큰 감명을 준다는 내용이었다. 그래서 늦은 봄부터 정리를 하고 습작들은 다시 정립해 보니 책으로 엮어도 되겠다는 결심을 굳혔다. 물론 아직도 미숙해서 부끄럽고 조심스럽지만 나의 만족을 위해 그리고 최소한 한 분이라도 나름 감명받기를 기원하면서 부끄러운 손을 살며시 등허리에 감추고 출판사를 찾았다. 나에게 항상 본보기를 보여 주시며 항상 바른 길을 가고자 하시는 유경채·백은미 선생님이 원고에 대한 자신감을 주신 것도 크나큰 계기가 되었다. 늦은 여름 땀 흘리며 컴퓨터와 씨름을 해서 책을 만나는 것에 가슴이 벅차오르기도 하지만 그놈 아직 멀었다는 핀잔도 겸허히 받아들일 준비는 되어 있다. 그리고 이 글은 아직도 미숙한 나의 개인적 의견을 피력한 것임을 밝힌다.

  그리고 책을 내면 꼭 하고픈 말이 있었다. 지면을 빌어 용서를 구하는 것이었다. 나와의 인연에서 기분 나빴던 일들은 용서하시고 편한 마음 갖길 기원한다. 불교 공부를 하면서 나에게 가장 큰 감명을 준 글은 '삶이 꿈인 줄 알면 꿈이 삶이다'라는 것과 서산대사의 '60년 전에는 내가 넌 줄 알았는데 60년 후에는 네가 나였구나'라는 글을 나의 좌우명처럼 받들며 공부하고 하루하루를 살고 있다. 보이는 대로 받아들이면 헛걸음만 할 뿐이다. 종교계에 대한 나 개인의 의견임을 다시 한 번 강조하면서 너그러운 마음으로 헤아려 주시길 바란다.

> 흐르는 물은 뒤를 돌아보지 않고
> 구르는 돌은 지금을 생각하지 않으며
> 흘러가는 구름은 나중을 생각하지 않는다네.
> 뭔 말인지는 잡초 속 바람에게 물어보시게.
>
> ― 황만

| 차례

책을 내면서   5

강대성 시 — 하늘을 담아내는 뜰

여자와 뜰	16
어머니	18
이별 여행	20
오늘만큼은	21
그리움	22
못다 핀 사랑	23
누구의 몫이뇨?	24
인연	25
체념	26
갈등	27
구름	28
그리움	29
나의 사랑론	30
봉사자	31
여유	32
사랑 예찬	33
빈 의자	34
인내	35

백화화白火花	36
후회	37
그냥	38
오륙도 등대에 불이 켜지면	40
목요일 아침 비가 내리면	41
소식	42
두 손에 고이 담은 물	44
비가 온다면	46
보고 싶은 이	48
하나뿐인 사랑	50
세월은 가는 것이다	51
일상	52
기대	53
내가 받을 수 있다면	54
고진감래苦盡甘來	55
천국 계단	56
사랑한다는 것은	57
누이	58
행복	59
내 가슴속에 꽃으로 피어나는 당신	60
커피잔	61
용서	62

이사 가는 날	63
꽃씨 편지	64
장바구니	65
부모님	66
잊혀 간다는 것은	67
돈은 써야 부자다	68
드러남	69
중생이 아프니 내가 아프다	70
그대는	71
시절 인연	72
하얀 목련	74
흙	75
운동장	76
나무야	78
봄비	79
호박	80
민들레	82
봄	84
이른 가을	86
바다	87
홍룡폭포	88
자전거	90

차창	91
광안 대교	92
밤의 고독	93
하늘을 담아내는 뜰	94
파리는 내 친구	96
조각달	97
비가 올라간다	98
나리꽃	99
정동마을 저수지에는 · 1	100
정동마을 저수지에는 · 2	101
정동마을 저수지에는 · 3	102
정동마을 저수지에는 · 4	103
대금 부는 아가씨	104
외눈박이	105
수평선	106
지팡이	107
떨어지지 않는 겨울 낙엽에게 부침	108
마술 닭	109
사다리	110
조급함	112
어두움	113
봄	114

삶과 죽음	115
뻐꾸기와 능소화	116
태풍	117
한가함	118
문수도량	119
제행무상	120
호흡수행	121
너와 나	122
열반	123
영원	124
그대는 내 흐르는 눈물을 가슴으로 담을 수 있는가?	126
그게 뭐라고	127
뭔 말인고 하면	128
귀향	129
텅 빈 마음	130
자유	131
그물집	132
탐착은 부처다	133
또~옥 같다	134
더 이상 먹을 것이 없다	135
스님은 사기꾼	136

강대성 산문

인생은 완성해 가는 여정

자유인은 팔자 고치는 사람이다	138
사다리	141
잡초	143
인생은 이기는 것이 아니라 완성해 가는 여정이다	146
오른손이 하는 일을 왼손이 모르게 하라	149
투자	151
능소화	153
공생	155
여행	158
망년회	160
내가 아는 불교는?	162

강대성
시

하늘을
담아내는
뜰

여자와 뜰

뜰을 거니는 여자의 뒷모습은
그대가 가진 풍만한 가슴마냥
달콤히 여유로워라.

붓꽃 꽃씨 터뜨리기마냥
살포시 걷는 당신의 물오른 엉덩이에서
한가득 희열을 느낍니다.

내리붓듯 부어대는 장대비에도
연못 속 금붕어마냥
우산 받쳐들고 님 걱정하는 당신에게서
두려움 없는 사랑을 느낍니다.

뜰 앞 오동나무 그늘에 누워
망부석 전설을 들으며
눈물을 흘리는 그 마음에서
끝없는 자비를 느낍니다.

텃밭에서
모자 쓴 당신의 등덜미를 보며
설레임을 얹어주는
한없는 따뜻함을 느낍니다.

여자인 당신은 여유로움으로 가득 찬 뜰이랍니다.

어머니

어머니, 당신은 변함없는 태양이십니다.

초산인 산모의 고통만큼
바다를 뚫고 아침의 첫 서광을 비추기 위해
한껏 머금은 무거운 고통을 토해 내는
경기의 고통을 감수하시는 인내의 어머니.

행여 돌부리에 걸려 넘어질까
밤 동안 지쳐버린 몸뚱아리를 끌고
밤새 호미로 돌부리를 걷어내는
수고로움도 마다 않는 것처럼
먹구름이 앞을 가리고
모진 비바람과 눈이 삶을 속박시켜도
언행의 흐트러짐이 없는 겸손의 어머니.

부모 된 자식이 어머니 마음을 알라 하면
그 마음의 짐조차도 안는 것처럼
뜨거운 열정을 마구 토해내어
아낌없이 주시는 헌신적인 어머니.

안정된 자식의 모습에도
행여나 하는 노파심으로
묵묵히 어려운 걸음을 아끼지 않는 것처럼
힘겨움에 서서히 기울어가도
눈 한 번 돌리지 않는
무거운 사랑의 실천지이신 사랑의 어머니.

당신의 몸 지키기에도 힘들텐데도
마지막 남은 작은 하나라도
덤으로 주시려는 희생을 아끼지 않는 것처럼
마지막 정열을 서산마루 너머에 걸터앉아
새 생명의 꽃을 피우시며
숙연함을 가르치시는 진리의 어머니.

어머니, 당신은 내일도 내 마음에 변함없이 떠오르는 태양이십니다.

이별 여행

이별을 뒤로하고 떠나는 둘만의 여행

푸른 하늘 속에 비친 너의 가려진 모습에
견우 직녀의 교희의 눈물 후 이별의 눈물이 한순간 교감하듯
여행의 기쁨을 애써 표현하고 싶지만
침묵만이 선율을 울린다.

오솔길, 장끼의 푸드득거림에도
놀라움이 없는 너의 모습에
눈물을 흘린다.

바다 속 저 깊은 곳에
이별의 아픔을 묻어두기엔
이내 작은 마음이 더 넓기만 하네.

넌 그 자체가 슬픔이구나.

견우 직녀의 사랑만이라도….

오늘만큼은

그리움의 텔레파시를 제비 편에 보내도
동장군에 오지 못하는 제비마냥…
고통보다 그리움에 더욱 사무치는 내 마음
휘날리는 안개비 속으로 빠져
바람의 기타줄에 몸을 싣고
송이 구름 바자에 흥겨움을 타고
오늘만큼은
뒹구는 춤이라도 추고 싶다.

힘들 때 나보다 더 힘든 널 챙기지 못함은
네가 더 힘들어할까 봐인데
휙, 긴 한숨 내쉬어 본다.

그리움

비가 올 것 같은 흐린 날,
창에 비친 내 모습 속에서
그대의 환한 미소가 떠오릅니다.

맑은 하늘 아래 그대의 부처 같은 손잔등에
나의 떨리는 작은 손 얹을 수 있다면
맑은 하늘 아래 그대에게 길을 묻는
대화라도 할 수 있다면
맑은 하늘 아래 그대의 떨리는 숨소리
그러다 노래라도 들을 수 있다면
맑은 하늘 아래 구름에 사라질
그대의 그림자 모습이라도 볼 수 있다면
맑은 하늘 아래 그대의 지워 없어지는
눈 위의 작은 흔적만이라도 느낄 수 있다면

지금은 햇빛이 강렬히 쬐이고 있습니다.
작은 그늘의 벤치에 누워
나무 그늘 사이로 스며드는 햇빛에도
그대의 작은 모습 떠올립니다.

못다 핀 사랑

나는 그대를 몽우리 진 한 송이 장미로만 지켜보렵니다.
비록 은은한 향기가 나의 마음을 감동시켜 줄지라도
감동 뒤의 시들어 버리는 당신을 지켜볼 수가 없답니다.

나는 그대를 풋풋한 사과로만 지켜보렵니다.
싱그러운 사과라면
타인들의 탐욕에 상처를 받겠지만
풋풋한 사과라면
홀로 당신만을 바라볼 수 있으니까요.

나는 그대를 떠오르는 태양으로만 지켜보렵니다.
만인의 심금을 울려주는 석양의 노을 뒤엔
눈물만이 남을 것이니까요.

나는 당신을 내 가슴속 사랑으로 간직하렵니다.
당신의 존재 그 자체가 나의 사랑이니까요.

누구의 몫이뇨?

사랑하다 침묵해 버리면,
어색함의 고통은 누구의 몫입니까?

사랑하다 토라져 버리면,
힘겨움의 고통 또한 누구의 몫입니까?

사랑하다 지쳐버리는 것 또한
더 큰 사랑의 시작인 것을.

사랑하다 떠나 버리면,
기다림의 아픔은 누구의 몫입니까?

사랑하다 죽어 버리면,
상처의 아픔 또한 누구의 몫입니까?

죽음이 영원한 사랑으로 이어 주니이까?
사랑은 끝이 없는 것을.

인 연

당신을 만날 것이 암시되어 있은 듯
당신을 보는 순간
당신의 몸짓은
나의 마음을 흔들어 놓았다.

전생의 힘거운 일들이
이생의 뜨거운 사랑을 맺게 하듯
내생에도
당신을 만날 것을 예감하며
당신과의 인연을
더 깊이 만들어 가야지.

체 념

하늘을 우러러보매
한 줄기 빛과 같이
흘러내리는 폭포의 숨결 속에
내 사랑의 애타는 마음 느낄 수 있고

하늘을 우러러보매
새하얀 눈송이처럼
소복소복 내리는 꽃향기 속에
내 사랑 절규하는 마음 느낄 수 있어.

흘러 주는 눈물 속에
내 사랑 담을 수만 있다면.

갈 등

내 마음 구름이 되어 하늘을 날아본다.
산, 바다, 건물, 자동차 나름대로 조화를 갖고 산다.
이쪽 능선엔
들판을 풀쩍풀쩍 내달리며 꿀벌과 노는 아기곰.
저쪽 능선엔
자신의 자태를 뽐내는 꽃사슴을 보면서
살포시 내려가 포근히 감싸주고 싶은네
몸이 하나라서 마음이 하나라서
선뜻 능선길을 내려갈 수가 없네요.

저쪽 산 너머에서 먹구름이 몰려오는데.
산정에서 눈물만 뚝뚝…

구 름

갈수록 푸른 도화지 위의 UFO는 보이지 않는다.
구름의 검고 하양만 보이는 것은
내 마음이 그래서인지

내 마음 비웃기라도 하듯
흐르던 구름도 잠시 쉬어 가는 것은
섬마을의 땀 흘리는 사람들 쉬어가라고

비행기도 쉬어가는 지금
내 마음 정처 없이 떠 있는 구름 조각처럼
지금 이 순간 구름이 되어
누군가를 기다려 본다.

그리움

요 며칠간 바람이 몹시 불었습니다.
내가 아는 유행가 가사를 부르며
뒷산을 걸었습니다.
내가 아는 그녀를 생각하면서…

요 며칠간 날씨가 몹시 따뜻했습니다.
내가 아는 유행가 가사를 부르며
그냥 동백섬을 걸었습니다.
내가 아는 그녀를 생각하면서…

요 며칠간 비가 몹시 내렸습니다.
내가 아는 유행가 가사를 부르며
그냥 비를 맞았습니다.
내가 아는 그녀를 생각하면서….

나의 사랑론

그냥 보이지 않으면
날 사랑하지 않나 하는 두려움보다
당신께서 지금 아파하지 않나 하는 마음을

당신의 우울한 표정을 보면서
나를 사랑하지 않나 하는 것보다
당신께 무슨 일이 있나 하는 것을

당신께서 아파하는 것을 보고
약을 사 주는 것보다
나로 인해 아파한 이유를 생각하는
사람이 되련다.

봉사자

당신께서 술을 마시는 것을 보고
머리에 소똥도 안 벗겨진 놈이란 말보다
같이 술을 마시며
함께 생을 이야기하는

당신께서 화장실에서 담배를 피우는 것을 보고
징계를 떠올리는 것보다
변기에 같이 걸터앉아 꽁초를 맞대며
고민을 이야기하는

당신께서 등굣길이 늦어 지각하는 것을 보고
회초리를 드는 것보다
마중을 나가 무거운 책가방을 들어주며
힘겨움을 같이 이야기하는

당신께서 교과 수업 빠지는 것을 보고
무슨 잘못을 했는지를 다그치는 것보다
숙제 못한 어제 일을 정겹게 나누어 보는
그런 너그러운 봉사자가 되련다.

여 유

까치밥 남겨두는 촌놈의 작은 배려
통통배의 만선에 뒤따라오는 갈매기
활짝 핀 웃음으로 문수보살 좋아하는
어느 여인의 간절한 기도와
낚시 전 먹을 물고기만 잡히게 해 달라는
어느 노인의 작은 기도 속으로
급한 구름 몰고 가는 아기 동자의 이마엔
신선 바람만 스치듯이

낮은 담장 너머 보이는
먼 산 갈까마귀들의 한가로움 속으로
지팡이 짚고 맞바람 맞으며 걸어가는
노인의 주름살엔
행복이 가득 차고.

사랑 예찬

어느 여인 화가 났나 봐.
무엇이 못마땅한지 음정이 불길이네.

나의 마음 알지 못해
인상이 비뚤어졌나봐.

내 그댈 위해 노래하리
내 항상 당신 곁에 머물고
그대만을 위해 춤을 추며
그대의 아픔까지도 사랑하리라고.

당신만을 사랑하는 맘
보이지 않지만
솟아나면 끝없이 뜨거운
마그마 사랑이라네.

내 그댈 위해 다시 노래하리
그대는 내 사랑이라고.

빈 의자

왜소한 내 마음 채워보려고
물끄러미 쳐다본 그 자리엔
빈 의자만 썰렁히 남아 있어
하늘만 쳐다보는 내 눈엔
눈물만 뚝뚝…

작은 가슴 채워보려고
동백섬에 오르니
차 속의 당신 자리 텅 비어 있어
푸른 바다 쳐다보는 내 눈엔
눈물만 뚝뚝…

이젠 습관처럼 바라다 볼 뿐.

인내

바람이 먹구름을 몰고 오듯이
내 마음속의 허함이 불안을 몰고 옵니다.

먹구름이 천둥 번개로 공포에 휩싸이게 하듯이
불안이 고통을 안겨 줍니다.

그러다 대지를 촉촉이 적셔주는 단비가 내리듯
사랑이란 열매가 맺혔네요.

가슴 아프게도
그 사랑엔 고통이 따라와 가슴이 아파옵니다

고통은 더 큰 사랑을 맺게 해 주는 열매이기에
꿀비가 내릴 때까지 참고 견디럽니다.
바보처럼….

백화화 白火花

꽃다운 청춘
일 년을 십 년처럼 살아 움직이는
물방개의 물발질처럼
너의 정열은 등신불이구나.

너의 핏기 없는 창백한 얼굴임에도
내색 없이 인내했었고
꽃을 피우기 위해
모진 겨울 이겨내듯
작은 아픔에도
큰 성숙을 깨닫는 부처님 득도만큼이나
우리들의 작은 가슴에 꺼지지 않는 촛불로 다가와
진실된 삶과 거짓된 삶의 기준을
죽음으로 가르쳐준
너의 자유만큼
우리들도 자유를 얻는다.

꽃다운 청춘
죽음 그 자체가
크나큰 시작이었구나.

후 회

후회는 봄이로소이다.
단지 다시 인연이 올 때까지
그리움으로 인내해야만이
참 시작이 옴을.

내 눈물이 빗물이 되어
당신의 가슴을 적실 수 있다면
조용히 당신의 문을 두드릴 터인데.

그 문이 다시 시작임을 안다면
후회는 그리움으로 싹을 피우는 봄이로소이다.

그냥

당신이 태어났을 때 나의 열 발가락이 경직했고
당신의 떨리는 표정에 내 가슴엔 불이 붙었고
당신의 첫 미소가 나에게 안식을 주었답니다.

안식에 방탕하다
그것도 모자라 당신을 가벼이 여겼음을
당신이 떠난 후에
저의 갈비뼈가 없는 고통을 느꼈답니다.

지금 나에게 남은 것은 아무것도 없습니다.
당신이 나의 전부이기에

다시 처음부터 하고 싶은데
당신은 마음을 묻어 버리고 다른 세상으로 떠나 버렸기에
초라한 내 모습으로 가까이 갈 수가 없네요.

목련의 몽우리에 쓰러지는 나 자신을 보며 참회의 눈물을 흘립니다.
조금만 닮은 사람을 보아도 가슴이 쿵쾅거리고
뒷모습만 닮아도 떨리는 마음으로 확인하고 싶은데

자격이 없어 선뜻 앞으로 나아가서 확인할 수 없네요.

찬물 한 모금 마실 수 없을 정도로 숨이 막혀 옵니다.
조용히 부르면 가슴에 와 닿던 당신이 지금은 숨결조차 느낄 수 없음에
달려가고 싶지만 당신을 부르기엔 제가 너무 빈약히기에
지척에 두고도 갈 수가 없네요.

가슴앓이로 하늘만 원망하다
그냥이란 말로 당신을 위로합니다.

오륙도 등대에 불이 켜지면

강태공을 배우려고 밀짚모자 눌러쓰고 낚시 드리우니
따가운 햇살만이 고통을 주고
행여 한 마리 낚을까 인내로 버텨 보아도
입질 하나 없네
시원한 파도 소리에 흘리는 땀 식히려나 해도
끈끈함만 더하는구나.

해가 서산으로 가려고 구름손을 빨갛게 흔들면
밀짚모자 벗어 반갑게 인사하고
새로운 희망으로 낚시 드리우니
시원한 바람이 나를 접하고

오륙도 등대에 불이 켜지면
선장의 담배 연기에
배들도 닻을 내리고
갈매기 울음조차 잠들면
망태기에 희망을 가득 담고
노래 부르며 하루를 접는다.

목요일 아침 비가 내리면

아침부터 잔뜩 찌푸린 날씨가
내 마음을 설레킨다.

어서 빨리 비라도 내리라고
그래서 커트한 당신 모습 떠올리며
내 눈물 닦아 주던 당신 모습 떠올리며
당신과 대화하고픈데.

아직도 먹구름만 끼이고
설레는 마음만 되풀이되는데

눈물 닦고 돌아서니
창살 같은 비가
당신 모습 떠올리게 하고
다시 눈물 닦고 돌아서니
예쁜 무지개가
당신 곁으로 다리를 놓는다.

소 식

붕붕 하며 학교 운동장을 모로 돌아오면
나도 몰래 고개를 내민다.
무슨 사연 싣고 왔는지
끈으로 동여맨 한 뭉치를 주고
도장을 받고는 환한 인사를 나누고
또다시 붕붕거리며 다른 곳으로 소식 전하러 떠난다.

비가 온다.
창문을 열고 누군가를 그리며
비님과 대화를 해 본다.

좁은 길을 붕붕 하며
초인종을 누르시는
우체부 아저씨의 도장 주세요 라는 소리에
우산도 잊은 채 밖으로 뛰쳐나가지만
어느샌가 주인집 아저씨가 편지를 들고는 군대 간 아들놈
이네 하며
방으로 들어가신다.

고개 숙이고 들어와
비님에게 손을 내밀어
그리운 이의 체온을 느껴본다.

두 손에 고이 담은 물

두 손에 고이 담은 물
한 걸음 걸을 때마다 한 방울씩 떨어지고
제자리에 주저앉기에
너무 사랑스런 물

두 손에 고이 담은 물
한 걸음 걸을 때마다
님의 아파하는 울음소리
가까이 들려오고
서두르기엔 너무 안타까운 물

억만 겁이 지나도 고여 있을 물이건만
천리만리 걸어도 무겁지 않을 물이건만
보일 듯 말 듯 보이지 않을
닿을 듯 말 듯 닿지 않을 님이기에
살며시 담은 수정같이 맑은 물도
어이 이다지 슬퍼지는지

고운 이슬 맺힌 억새 하나 꺾어
살며시 손등을 뒤로하고
나의 슬픈 눈물 이슬에 띄워
불보살에게 전해준다

비가 온다면

이슬방울에
장미 한 송이 꽂아 놓고
그리운 눈망울로
하염없이 흘러내리는 나의 슬픈 미소를
조용히 그려 보리라
비가 온다면

안개 낀 장충단 공원의 벤치를
성경책을 펼쳐 보는 환희의 천사를
나의 환한 미소 벤치 위의 천사를 불러보며
우수에 젖어 보리라
비가 온다면

설익은 빨간 사과에 입을 맞추고
볼그스름한 나의 슬픈 미소의 두 뺨에
나직이 입 맞추리라
비가 온다면

오백 원짜리 우산도 이천 원을 주고 사서

그때 그 향수에 젖어 보며

그대의 팔짱 낀 체온을

다시 한번 느껴 보리라

비가 온다면

보고 싶은 이

엄마가 불러주는 자장가의 작곡가를
아버지가 들려주시던 이야기의 주인공을
훌륭한 업적을 남기신 선인들을
내일의 주인공이 될 나의 마음도 보고 싶지만
당신의 귀여운 웃음을 본다는 것은
모나리자의 미소를 보는 것보다
천만 배 더 낫소.

우주의 신비로움을 창조한 분을
허공 속에서 살고 있는 분을
아버지의 사랑을 빼앗아간 이를 만나보고 싶지만
내 마음의 근본을 가르쳐 주고 되돌아보게끔 해주신
당신의 그 곱디고운 마음을 보는 것은
천사 가브리엘을 만나는 것보다
천만 배 더 낫소

아침의 해를 보고 환희의 찬가를 부르는 이를
저녁의 노을을 보고 눈물 훔치는 이를
바닷속의 숨어 있는 달님을 보고 님을 생각하는 이를
달무리를 보고 구속을 사랑하는 이를 무척이나 보고 싶지만

당신에 대한 그리움에 사로잡히는 것은
루소의 사랑보다 더 낫소

하나뿐인 사랑

하나뿐인 사랑이 곁에 있는데
갈 수 있는 몸뚱아리는 하나뿐인데
눈이 두 개라서 귀가 두 개라서
갈 수가 없네요.

하나뿐인 길잡이가 곁에 있는데
추구해야 할 길이 하나뿐인데
손이 두 개라서 발이 두 개라서
갈 수가 없네요.

하나뿐인 그리움이 곁에 있는데
흘릴 눈물도 한정이 있는데
마음에서 흘러내리는 서러움
막을 길 없네요.

세월은 가는 것이다

밤하늘의 보석이 촘촘히 박혀 있는 새벽
오늘 하루 어떻게 보낼까 담배 연기에 그려 보다
흐려진 별빛에서
친구와 술 마시고 담배 피워도 가고
마누라 엉덩이와 놀아도 가고
봉사활동, 모임에 자랑질해도 가고
도서관에서 공부해도, 잠을 자도 가고
남 등쳐먹어도 시간은 똑같이 잘만 감을 보았네
가장 젊은 오늘
뭘하며 세월과 싸울까?
공원의 노인들
세월 보낸다고 하시절이다
아가, 아가
흐르는 세월
보내는 것이 아니고 가는 것을
내 거기에
뭘 얹을 수 있으랴
땀하고 놀러나 가야겠다

일 상

바람이 머리칼로
먹구름을 몰고 오더니
공포를 사로잡고

빗줄기는
대지의 생명들을
혼란 속으로 몰아넣어도
태양의 열정 아래
대지는 기지개를 켠다.

기 대

밤이 얕아 오는 소리에
아쉬움만이 두 눈을 가리고
어제 태워버린 서글픔을 뒤로하고
오늘 피워올린 불씨에 사랑을 심어
가는 밤 잡지 않고 오는 새벽 반겨보리

내가 받을 수 있다면

세속의 잡다한 소리조차 뒤로하고
명상에 잠긴 그대는
한 떨기 수선화라오.

삼한 속에서도
순백이 돋보이면서도 드러나지 않는
홀로 우울하면서도 빛나 보이고
모란의 향기 없음처럼
감히 함부로 침범치 못하는

그대는 차라리
하늘만큼 성스러운 사랑이어라
그 사랑 내가 받을 수 있다면

고진감래苦盡甘來

스치는 눈결에
그녀의 눈동자가 내 눈에 들어온다.
물과 거름으로 사랑의 싹을 키웠으나
거센 비바람의 장벽은 가지를 부러뜨리고
서로의 작은 이기심은
이신과 고통으로 뿌리째 시들어 간다.
내려놓기를 반복하니
그대의 격려와 사랑이 다시 피어오릅니다.

천국 계단

하늘로 올라가는 숲속 나무 계단을
담소를 나누며 올라온 산정에서
그녀의 하얀 베개 위에
작은 그늘을 얹고
마지막 외출을 가슴에 담기 위해
한껏 멋을 내는 구월산의 자태를
한가득 가슴에 담으며

사랑한다는 것은

헤어짐을 전제로
아낌없이 주는 것.

누이

길 떠나는 나에게
애처로이 바라보는 누이
엄마 손길 대신한 누이가 더 애처롭소
아직도 가족 뒷바라지한다고
자신을 돌보지 못하는
누이가 참으로 애처롭소
내가 누이의 애처로움을 버릴거니
누이도 나를 애처로워 하지 마시오

행 복

동녘의 붉은 기운을 뒤로하고
갈매기도 찾지 않는 텅 빈 배를
무표정한 선장은 말이 없다.
남편 선장의 눈치만 쳐다보다
이내 고개를 떨구는 할머니
포구에서 할머니를 외쳐대는
손녀의 손이 보이자
선장은 키를 힘껏 당기고
할머니의 입가엔
미소가 싱글벙글이다.

내 가슴속에 꽃으로 피어나는 당신

밤잠을 자는 내내
처마 끝 굵은 빗방울이
나의 허전함을 위로한다.
창밖을 보니 연이 모여
내리는 비를 내가 본다는 것이 평화롭다.
고랑에 걸린 나뭇잎은 물속에서 허우적거리는
지렁이를 살리고
비님이 꽃들에게 목마름을 해결해 주듯
그대가 내 가슴속에 꽃으로 피어난다.

커피잔

부엌 선반에서
설거지하는 당신을 애처로이 바라보다
따스한 커피를 머금는다
하루 일과를 갈무리하고
따스한 가슴으로 키스해 주면
달콤함과 향기로움을 그대이
빈 가슴에 비칩니다.

당신의 실수로 깨뜨림을 당해도
그대라서 행복히 생을 마감하는
커피잔이 되고 싶다.

용서

그대의 존귀함에 짝사랑만 했던 나에게
그대가 잡아준 나의 손을
뒤돌아서야만 했던 내가 미웠습니다.
세월이 흐른 지금
그대가 다시 손을 내밉니다.
냉큼 잡지 못하는 내가 또 밉습니다.
변함없이 그대의 손을 그리워하는
지금의 내 마음을 용서하소서

이사 가는 날

마누라는 나에게
집도 바꾸는데 안의 물건도 버리자며 앙탈이다.
돈벌이가 시원찮은 나는
새벽에
사용 가능한 물건들을 주섬주섬 챙겨
현관 입구에 쌓아 두었다.
아침에 일어난 미누라가
먹을 것 없고 볼품없는 토끼가
지 똥 처먹는다며 퇴박을 놓는다
그래 니 맘대로 해라 까짓것
그게 뭐라고
이왕 버리는 것
나도 버리지 훙

꽃씨 편지

옆집 아가씨가 편지 봉투에 꽃씨를 담아 준다.
울타리 한켠에 내 마음과 함께 꽃씨를 묻었다.
두 마음은 소꿉놀이마냥 뒤엉켜 땅을 부풀게 하고 땅을 가르기 시작했고
두 마음은 한마음이라는 새싹을 피웠습니다.
거친 세파에도 한마음은 무럭무럭 자라
어엿한 청춘이 되었습니다.
옆집 아가씨는 취직이 되었다며 서울로 떠나 버렸고
이놈의 청춘은 두 마음이 되어 아파하기 시작합니다.
아픈 청춘은 방황하며
벌레들의 공격에 상처만 쌓여 갔지만
꽃몽우리는 힘겹게 맺힙니다.
이른 가을
서울 간 옆집 아가씨
서울이 싫다며 다시 돌아오니
꽃몽우리는 하나의 마음인
꽃으로 답을 합니다.

장바구니

오늘은 이쁜 딸이
아빠 보러 서울서 내려오는 날
장바구니 들고 흔들리는 갈대마냥 이곳저곳을 기웃거린다.
딸이 좋아하는 반찬 재료를 사려니
마누라 잔소리 듣는 것보다 힘들다.
평소엔 정으로 가득찬 무거운 장바구니
발걸음은 가벼웠는데
오늘은 장바구니 가벼워
발걸음이 무겁다.

부모님

지금의 나를 있게 해 주신 부모님
지금은 이 세상에 안계시지만
어느 곳에서 살아가고 계시는지 궁금합니다.
부모님의 작은 안식처가 될 수 있다면
어머니, 아버지께서 그리하셨듯이
저도 그리하고 싶습니다.

잊혀 간다는 것은

여지껏 살면서 많은 거짓말을 하며 살았다.
직장을 나와 전원을 누비니
직장 동료들의 전화나 내방은 차츰 끊어지고
지금은 내가 전화를 할 판이다.
나이 들고 가진 것 떠나가니 사람도 떠나가고
신구이 3업은 보이지도 않는데 비듬만 쌓이는구니
아가, 아가
내 진작 몰랐던고
원래 자리로 찾아가는 것임을.

돈은 써야 부자다

내가 거처하는 곳에 후배가 방문하여 술을 한잔했다.
후배가 하는 말
행님은 삼성 부회장보다 부자입니다 라고 한다.
이유를 물으니
이재용은 나에게 술도 안 사주는데
행님은 나에게 술을 사주니깐요 라고 한다.
역시 돈은 써야 부자다.

드러남

간만에 지인이 방문하여 술 한잔 걸치면서
나의 이야기며 동네 이야기며 자식 자랑을 늘어놓았다.
새벽에 화장실을 가면서
별들은 말없이 초롱한데
내가 드러남은 그대가 하는 말이고
무주상이 참으로 드러나는 것임을
달님이 속삭인다.

중생이 아프니 내가 아프다

네가 부처인데 뭐라고 해야 알겠니
말해줘도 모르고
가진 것 없어 도움 못 줘 아프다
너도 나처럼
가슴 아픈 날이
빨리 왔으면 좋겠다
배고프다
공양하러 가야겠다

그대는

그대가 나를 불러 주었을때
나는 눈이 뜨였고
그대가 나에게 속삭여 주었을 때
나는 내가 누군지 알았으며
그대가 나에게
키스해 주었을 때
그대 있이 내가 있음을 일있다네

시절 인연

세상이 싫어 잠시 바람 쐬고 온다는 당신
1월이 오면 오시겠다는 당신
추워서 못 오고
2월이면 온다는 당신
눈이 길을 막아서서 못 오고
3월이면 온다는 당신
봄소식에 취해서 못 오고
4월이면 온다는 당신
꽃구경 차량으로 길이 막혀 못 오고
5월이면 온다는 당신
뻐꾸기 울음소리에 잠을 못 자서 못 오고
6월이면 온다는 당신
능소화가 만발하여 못 오고
7월이면 온다는 당신
뻐꾸기 마지막 소리를 들어야 된다며 못 오고
8월이면 온다는 당신
더워서 못 오고
9월이면 온다는 당신
태풍이 엄습하여 못 오고
10월이면 온다는 당신

가을 단풍에 취해서 못 오고
11월이면 온다는 당신
노는 날이 없어서 못 오고
12월이면 온다는 당신
무슨 핑계를 댈까 궁금하여
창에 비친 달을 보니
달빛 속에 그대가 웃고 있었네.

하얀 목련

봄내음의 연속성이 울려 퍼지는 날에
촛불만큼 강한 눈빛으로
세상을 환히 밝히는 너의 자태는
순백이 흐르는 백자 주병이구나.

희망 알리는 작은 봄비 속에도
목련의 꽃잎이 바래 버리는 날에는
떨어지면 잊히기 위해
빨리 삭아 내리는 너의 배려는
세상을 밝히는 하얀 천사로구나.

그런 너의 당당함에 부끄러워
옷이라도 벗어 본다.

흙

썩고 썩고 또 썩어
자신의 존재를 망각케 만드는 넌
흔적 없는 안락사의 주인이며,
신비로움의 절대자이구나.

순수함을 잃지 않는
농부의 작은 땀방울만큼의
수확을 만들어주는 넌
대가의 주인이며,
무에서 유를 창조하고
유를 무로 보내는 넌
보이지 않는 큰 사랑을 가진 노다지.

운동장

이 소리 저 소리
밀담으로 가득차 있는 있는 요술 상자.

낮에는
구령 소리와 함께
초롱초롱 빛나는 눈망울 소리.
점심식사 시간에는
도시락 소리와 함께
우주를 품으려는 기상 소리.
수업종 마침과 함께
'와' 하는 소리에 방긋 웃는 운동장.

정적 시간이 오면,
하루의 소리를 꺼내어 예쁘게 편집하여
아침 이슬에게 전해 주지요.

해가 솟아오르면 예쁜 꽃들이
학생들의 발자국 반주에 맞춰
쑥쑥 키가 크지요.

방긋 웃는 꽃들의 지킴 속에
큰기침하는 운동장.

나무야

쓰러 뭉개질 바위에서도
뿌리를 내려
작은 들꽃을 피우기 위해
한 잎 머금다 내놓는
계곡을 지배하는 나무야.

비가 오면 햇살에 영롱한 진주 구슬로 장식하고
눈이 오면 가지마다 은백의 눈꽃을 피워
기쁨을 안겨주는 나무야.

작은 나비 바람에 흐느적거려도
마음의 동요 없이
그 자리, 그 모습으로 인내하는
그대의 묵언에
외경스런 두 눈을 감고 만다.

봄 비

어둠을 뚫고 섬광처럼 스치는
혜성 같은 봄비에
고개 들어 올리는 선율들의 조화로운 합창

고요함을 훔치는 현란한 지휘자의
악장 같은 봄비에
병아리 합창 속의 찬란한 축하 행진

삼한의 거센 바람이 휘몰아
나의 시야 어둡게 해도
봄비 속에 피는 웃음꽃 막을 수 없네.

이 비 맞고 싶어 고개 내밀어 본다.

호 박

푸르름은 푸르름대로
누러면 누런 대로
하나도 버릴 것 없고
아무렇게나 내팽개치지만
연연치 않고
아무렇게나 잘 자라는 당신
언제나 그랬듯이
지장보살을 꿈꾸며 인내하는 당신.

죽은 죽대로 맛있고
찬은 찬대로 맛있고
찌개는 찌개대로 맛있고
전은 전대로 맛있는
어느 곳 하나 끼어들지 않는 곳이 없는 당신.
언제나 그랬듯이
나누어 주는 것 자체가 행복인 당신.

아무 곳에나 잘 자라고
아무 곳에서나 부담 없이
감초가 되는 당신이기에

아무렇지 않게 생각하게만 하는 당신.
정작, 당신의 존재가 없다면
당신을 무척이나 그리워할텐데….

만물이 썩어 없어져도
알찬 당신은
언제까지나
넉넉함과 여유로움 그리고 사랑까지도 전해주는
팔월의 만삭이구나.

민들레

생명의 신비

63빌딩 옥상에서 세상을 내다보면
모두가 무엇엔가 쫓기는 여우마냥
이리 뛰고 저리 뛰는 불안함 가운데서도
유난히도 담벼락 끝에서 예쁜 꽃을 피우는
정다운 너.

힘든 가운데서도
격풍이 불면 행여 나쁜 곳에 갈까 꼭 잡고 있고
호풍이 불면 보낼 때를 알고 슬픔을 사랑할 수 있는
행복으로 가득찬 너.

험한 환경 가운데서도
꽃이 아름다워 꽃을 꺾어도,
새끼들 좋은 곳에 보낼 때를 기다리다
호기심의 입김으로 아무 곳에나 떨어뜨려도,
밑반찬으로 잎이 잘리고 뿌리째 뽑혀도,
운명에 순응하면서 끝까지 최선을 다하는
너의 꿋꿋한 자태에 갈채를 보낸다.

아무 곳에서도 불평하지 않고
나에게 주어진 운명에 최선을 다해
아름다운 꽃을 피우고
새끼들에게 삶의 참의미를 몸소 가르쳐주는
그대 이름은 민들레라네.

태초의 만물도 이러했겠지.

봄

삼한의 매서운 찬바람 속에서도
따스함을 기다리는 내 작은 마음 달래보려고
골목길을 걸어 본다.

봉창 안 할아버지의
낮은 헛기침 소리에서

힘겨운 공부 속에
미소 머금는 학생에게서

밤하늘,
별들의 반짝임 속에서
널 느낄 수 있어.

짧은 이별 속에서도
그리움의 싹을 피우기 위해
들녘을 거닐어 본다.

찬바람 맞으며 텃밭에서
땀 훔치는 할머니의 야윈 등에서

나물 담은 바구니 들고 산을 내려오는
처녀의 싱그러운 걸음 속에서

희미하게나마
새의 울부짖음 속에서도
널 느낄 수 있어.

매서운 파도의 칼날에서도
너의 숨결 느끼기 위해
달빛에 스치는 그림자를 돌아보면서
내 마음속에
벌써 봄이 왔음을 느낀다.

이른 가을

푸른 창공 보기가 힘들어
실구름이 돌계단을 만들고

섬처녀의 물든 손톱 뵈지 않아
살랑이는 파도에 눈부심을 싣고

한 손엔 삽과 한 손엔 책을 들고 가는
농부의 가슴엔
벌써부터 결실이 영글고.

바 다

살을 에이는 차가움 속에서
맑은 음률 전해 주는 겨울 바다

섬처녀의 작은 가슴속으로
첫봄의 향기를 실어 안겨 주는 하얀 물보라

세인들이 세수을
말끔히 씻어내 주는 여름 바다

자신의 상처를
원망 없이 씻어내는 가을 바다

아마 바다는 고통을 포용할 수 있는
엄마의 젖가슴인가.

홍룡폭포

용의 어머니
용을 잉태하여 승천시킨
옛 명성에 걸맞게
새끼 용들을 돌보기 위해
물살까지 뒤엎는 힘으로
세속의 작은 바람까지도
감히 함부로 침범치 못하게 하는
너의 빈틈없는 모습에
뒤로 벌렁 눕는다.

새벽 예불 알리는
털보 스님의 종소리에 맞춰
큰 소리로 만물을 깨우는 우렁찬 기상나팔 소리
저녁 예불엔
동자 스님의 목탁 소리에 맞춰
만물을 제압하는 우짖는 소리
그러고도
스님조차 잠이 들면
자장가 노래를 들려주다
행자 스님이 찾아와

깨달음의 좌고를 틀면
큰스님의 옛이야기 들려주는
너의 끝없는 낙찰에
만물까지 성숙해진다.

무지개가 드리우면
고개 숙인 땡초 스님
'아' 하며 데굴데굴 구른다.

자전거

앞바퀴는 지아비 뒷바퀴는 종부
앞바퀴가 방향을 선택하면
뒷바퀴는 대답 없이 그냥 묵묵히 따라가고
앞바퀴가 힘들어 쉬어가자면
'나도 힘들어' 하며 얼른 서지요.

자신의 발자취는 돌아보지 못하지만
서로에 대한 애착은
새로움만으로 가득 차 있고요.

견우 직녀의 애틋한 사랑은 그래도 한 번은 포옹하는데
전생의 업으로
머리칼도 닿을 수 없지만,
둘이는 같이 있으므로 사랑할 수 있고
죽을 때도 한날한시에 같이 운명할 수 있다는 것에
행복하지요.

집으로 돌아오면
몸을 기울여
뜬눈으로 마주 보며
밤을 새지요.

차 창

차창
모든 만물을 담아내고 내어 보일 때는
흑백으로만 보여주는
그래서 욕심의 사슬을 끊어버리게 해 주는 넌
외로운 촌할머니의 밤을 지켜주는 요강.

차창
어둠이 잔잔히 깔리면
바로 담아 뒤집어 보여 주기도 하는
그래서 실의에 빠진 이들에게 용기를 주는 넌
낡은 책장에 책꺼풀이 찢겨진 위인 전집.

차창
비가 올 때면
땅을 살아 움직이게도 하는
그래서 겸손함을 배우게 해 주는 넌
황금 들녘의 벼이삭.

차창 밖으로 세상이 스쳐 사라지는 것에
내 운명도 그러함을 느낀다.

광안대교

내어 뿜는 용의 연무에
흐트러져 난잡한 모습들이
하나둘 자취를 감출 때
언뜻 내비치는 용의 불거진 눈물들이
파도 소리 따라 흘러내리고
어느새 물속에서
빨간 여의주 하나 물자
주위의 연무 여의주 속으로 빠져드네.

이내 하늘이 먹구름을 몰고 오면
파도는 용의 승천을 축하하듯
휘황찬 바람에 흥겨운 춤을 추고
거기에 발맞춰 주위를 맴돌다
울부짖는 굉음과 함께
파도를 박차며
빗길 따라 승천하고
용의 잔영만 남아
바다를 지킨다.

밤의 고독

한밤의 정적 소리를 사랑하면서
오늘도 상상의 나래를 접어
무엇엔가 쫓기는
외로운 학으로 서 있다.
내일도 또한 바쁜 나날 속에서
정적을 추구하리라 생각하며
의지하고픈 추억 속으로 빠져본다
밤하늘의 별이
내 마음을 노크하면
조용히 정적의 창문을 열고
다정스레 미소 띠어야지
이 밤도 고운 꿈 꾸며
내일을 예찬해 본다.

하늘을 담아내는 뜰

문을 열고 들어서면
좌우의 신하들이
환한 웃음으로 고개 숙이고
연못으로 가기 위해
한 걸음 걸을 때마다
푸른 하늘이 내 가슴속으로 들어오고
한결같이 박수로 맞이해 주는 뜰

연못에 앉아
책을 읽으면
책 속의 진리를
그림으로 표현하듯
흔적 없이
물살을 가르는
잉어의 유유자적함에
욕심을 버린다.

오늘도 어제의 잘못들을
여럿이 토해 내어도
변함없이 다독거리고 치유해 주는

하늘을 담아내는 뜰

가끔 비라도 오면
도레미 노래를 들려 주기도 하고
손님이 오면
시원한 냉징물을 도해내어
심신을 씻어 주기도 하고

하늘을 담아내는 뜰 속에 내가 있고
연못 속의 하늘 위에 내가 있으니
구남인이여 그대는 신선이로다.

파리는 내 친구

6월의 더위를 피해
거실 테이블에서 책장을 넘기다 보면
넘기기도 전에 책장이 넘어가려고 하면
가벼운 파리가 온 힘을 다해
책장을 눌러 준다

식탁을 준비할 때면
한 자리 잡고
두 손을 싹싹 비비며 공양 준비를 한다
식탁을 정리할 때면
식탁 위 흘린 국물을 훔치는 청소를 한다

잠을 청하러 방에 가면
따라 들어와 팔꿈치를 베개 삼아
간지럼을 피우며 장난치다
불을 끄면 잘 자라며 신데렐라처럼 어디론가 가버린다

다음 날 아침이면 내 친구는 어김없이 발에다 간지럼으로 나를 깨운다.

조각달

웅크린 달이 배가 고파
대낮임에도
밥 달라고
고개 내민다
많이도 힘든지
안색도 안 좋다
장마 구름이 녀칠산
품어주자
할머니 요강만큼
밝은 달이
고맙다고
밝게 비춘다.

비가 올라간다

하늘에서 비를 달라고
먹구름이 앙살을 피운다
대지의 젖줄이
태양의 목마름에
일제히 비를 토해 낸다

비가 올라간다
먹구름이 흰 구름이 되고
안개가 되고
이내 사라진다
대지는 아직도 촉촉함에도
태양이 고맙다고
고개 내민다.

나리꽃

비가 온다
나리꽃은 자연의 순리를 그대로
토해 내고 있다
나리꽃에 투명한 빗방울이
하나둘 떨어진다
떨어진 꽃에 빗방울이 입을 맞춘다
떨어진 꽃에는 지수화풍이 있고 자연을 담은
스님의 목탁 소리가 들어 있다
나리꽃과 눈을 마주하니
그 속에 내가 있었다

오늘도
나리꽃은 하늘거리며
지수화풍을 낚고 있다.

정동마을 저수지에는 · 1

정동마을 저수지엔
항공모함 두 대와 구축함 네 대가 떠다닌다.

궁할 땐 항공모함의 파랑 전투기가 적진을 향해 날아가
적의 동태를 살피느라 날갯짓이 무척 바쁘다.

구축함으로 다가가면 구축함은 잠수함이 되어 물 밑으로 고개를 숙인다.
저만치서 고개 내밀고는
쾌속정이 되어 물살을 헤친다.

난 전쟁을 싫어해서 평화의 손길을 내밀고 싶은데
청둥오리는 전쟁을 싫어해서 나와 거리를 둔다.
태초에 인간이 배신을 했나 보다.

정동마을 저수지에는 · 2

정동마을 저수지엔
'산은 산이요
물은 물이다'가 있습니다.
물이 산을 품고
산이 물결을 치며 가는 풍광도 있습니다.
깨달음을 축하하듯
아지랑이가 춤을 추는 장관이 있습니다.

정동마을 저수지에는 · 3

휘늘어진 버드나무
물 밑 소식 퍼올려
달음질치는 아지랑이에게 전하고
그 소식 새들이 물고
허공을 노니는 바람에게 전해 준다.

저수지, 산과 허공이 함께 어우러져
경계가 사라지는 순간
재두루미 화룡정점을 찍는
한 폭의 동양화가 있습니다.

정동마을 저수지에는 · 4

정동마을 저수지엔
무릉도원과 용궁이 있다.
용궁이 무릉도원을 품고 춤추면
위아래가 하나로 어우러져
무릉도원과 용궁의 경계를 무너뜨린다.
해 질 무렵
무릉도원의 잿빛 두루미 여유로운 날갯짓에
용궁 속 재두루미 보조를 맞추고
바람에 나부끼는 소나무
수초 되어 춤을 춘다.

 봄이면 용궁에서 수도하는 붕어들의 등용문 연습이 있다
　이른 가을 번갯길이 열리면 천둥소리를 신호로 하얀 연기를 뿜어내며
　등용문이 펼쳐진다.

대금 부는 아가씨

대금 소리에는 희로애락이 있다.
깊이와 얕음 굵고 얇음에 따라
내 몸이 춤을 추고
아가씨의 어깨춤에
나는 얼음이 되었다

대금 부는 아가씨의 손 움직임에
자유 찾아 날아간다
종달새마냥

외눈박이

아침이면 잃어버린 눈을 찾아
벌겋게 눈을 뜨는 외눈박이
온종일 찾아도 찾지 못하고
서산으로 잠을 청하면

동해에서 서방님 찾아
달님이 수줍게 올라온다.

다음 날도 그렇게 찾아 헤매어도
반쪽이 된 달님을 보지 못하고
달님은 이내 손톱만 한 먼지로 사라진다.

수평선

태양을 잉태하여
산기의 기운을 토해 내면
만물이 기지개를 켜고

만삭이 윙크하면
만물이 황홀함으로 소생한다.

해님이 힘들어
구름에게 젖동냥을 받으면
수평선은 포근한 이불을 깔아 놓는다.

태양이 새록새록 잠들게 품어 주고는
어느샌가 달님을 잉태하여
또 다른 윙크가 시작된다.

지팡이

내 마지막 삶을 지탱시켜주는 지팡이
다리가 아프면 다리가 되어 주고
손이 닿지 않는 곳에는 나의 손이 되어 준다.
길을 걸으면 친구가 되어 또옥, 또옥 소리로 나와 대화도 한다.

명아주로 만든 지팡이
그 어느 지팡이보다 가벼워
욕심도 내려놓는다.

힘이 들어 길을 건너지 못하고 쉬는 벌레라도 있으면
빨리 건너가라고 똑똑 소리로 힘을 실어주는 자비의 지팡이

똑, 똑 소리로 언제나 나와 함께하는 지팡이

떨어지지 않는 겨울 낙엽에게 부침

겨울바람이 쌩쌩 불어도
어머니 옷자락을 왜 그리도 붙들고 있니
무슨 미련이 그리도 많아
얼굴이 빨갛게 되도록 붙들고 있니
할머니 품속으로 돌아가면
새 옷 갈아입고
어머니 품속에서
살 수 있는데

마술 닭

니는 돈 많제
난 돈 없어 대문도 없이 산다.

니는 사람 관리하면서 갑질하며 살제
난 관리할 사람이 없다.

니는 더 가지기 위해 탐착 탐착하며 살제
나는 그 탐착을 품어 한가함을 낳는 마술 닭이다.

사다리

이른 겨울
낮달이 감나무에 걸터앉아
까치밥이 먹고 싶다고 앙탈이다.
소원을 말하고
사다리를 감나무에 걸쳐 놓는다.
한 계단 한 계단 오르니 감이 제법 가깝게 들어온다.
또 한 계단 오르니 감이 더 가까워졌지만
사다리가 흔들려 두려움도 다가온다.
다시 용기를 내어 한 계단 오르니
탐스런 빨간 감이 나를 유혹하고 공포감도 엄습하여 온몸에 힘이 들어간다.
마지막 남은 두 계단
마음을 다지고 한 계단 오르니
사다리가 요동을 친다.
포기하려다
탐심은 바이킹 타는 소녀의 비명 소리마냥 나에게 용기를 북돋아 준다.
마지막 한 계단을 오르고 손을 뻗어 감을 잡는 순간
사다리에 걸친 감나무 가지가 부러진다.
눈을 떠 보니 까치가 까악까악 우짖고

119앰뷸런스의 소리만 요란하다.

오를수록 더 크게 다치고 가질수록 욕망만이 출렁인다는 것을.

떨어지고서야 평지의 행복이 미소 짓는다.

오늘도 사다리 오르려는 버스 타는 사람들

달리는 버스 속에서 떨어지지 않고 갈을 잠으려는 탐심으로 차창 밖 네온 불빛이 응원을 한다.

불나방이 네온 불에 자신을 처박고

박쥐가 차창에 부딪치며 사라진다.

나도 사라진다.

조급함

딸이 좋아하는 옥수수
생각만 해도 즐거워
옥수수 씨를 심었다.
저녁으로 물을 주면서 얼른 나오라며 응원을 했지만
나오라는 싹은 나오지 않고
잡초만 냅다 고개를 들이민다.

땅땅거리는 땅을 보면서
땅도 옥수수 씨도 원망스러워
발소리를 쿵쾅쿵쾅하며 깨워 보지만 감감무소식이다.
만인의 기다림인 봄비가 오자
언제 그랬냐는 듯
새싹이 고개 내민다.

태어날 때를 기다리는 그에게
훼방만 했나 보다.

어두움

나는 여태껏 알게 모르게
얼마나 많은 생명을 아프게 했나?
잡초, 벌레로부터 아직도 죽이고 있는 탐진치 삼독

이런 연으로
나는 밝고 따스한 곳에 있어도 혼자라 무서운데
귀신은 어둡고 지저분한 아무도 없는 곳에서
무섭지도 않나?
새들은 귀신을 위로하듯
그곳에다 연꽃마냥 생명을 잉태한다.

이른 새벽
뻐꾸기 소리 어둠을 밝히면
염불 품은 이슬방울 낙하하여 왕을 깨운다.

봄

처자가 봄마중하러 동구 밖에서
할 일 없이 허공만 바라보다
어머니 손짓에 빈손으로 돌아와
봄마중 청소를 해도
봄은 보이지 않네
배고픈 낮달이 윙크하자
온누리가 봄이었음을 보았네
괜시리 궁상만 대고 있었네

삶과 죽음

내가 울 때
그대는 근엄한 환희로
나를 달래 주었지요.

내가 웃고 갈 때
그대는 울면서
나를 보내 주겠지요

아마 그대는 그렇게 될 것이오

뻐꾸기와 능소화

5월이 되면
수줍은 새악시마냥
깊은 산골에서 울려퍼지는 나직막한 뻐꾸기 소리
군자의 자태를 보려고
아침저녁으로 노래 부른다.

백설공주마냥 님의 리듬에 맞추어 눈을 뜨는 능소화
그리움을 쏟아 내어
꼿꼿한 나팔꽃을 피운다
뻐꾸기 소리가 잦아질 때면 귀를 쫑긋 세우며 피는 능소화
님이 가시면
능소화는 절개의 나팔꽃을 떨어뜨린다.

태 풍

바람이 나무하고 격렬하게 춤추자
하늘에서 오색구름과 굉음으로 열렬한 갈채를 보내고
대지는 꽃비와 함께 박수를 친다.
나는 지휘자가 되어 태풍과 하나가 되면
병아리들이 고맙다고 물인사를 한다.
강물이 대지하고 사랑을 나누면
나무와 바람이 춤을 추고
나는 지휘자가 되어 태풍과 하나가 되면
물고기는 수풀 속에서
고맙다고 뜬눈으로 갈채를 보낸다.
정체성을 생동감으로 싹 갈아엎어
내일을 활짝 열어젖히는
그대는 태풍

한가함

흐르는 물은
뒤를 돌아보지 않고
구르는 돌은
지금을 생각하지 않으며
흘러가는 구름은
나중을 생각하지 않는다네
뭔 말인지는
잡초 속 바람에게 물어보시게

문수도량

백회에 관정하자
모든 보살 합장하며
가부좌를 틀고
하단전에 양기하면
보살이 부처 되어
달빛 타고 논다.
문수선원에
전삼삼 후삼삼하니
세월이 없구나.

제행무상

눈이 내린다.
내 머리 위
월정사 보름달만큼 가득하다.

목이 힘들어 고개 숙이니
하얀 상여에
하얀 눈발만 드날린다.

호흡수행

이 구멍 저 구멍
뚫린 구멍은 다 쑤셔 보아도
망상만 불타오르고
콧구멍 속의 망상을 손가락으로 찌르니
잠과 함께
빨갛게 익은 콧물만이 흐르는구나
학감스님의 머리부터 발가락까지 이완하는 소리에
연체동물이 되고
양기라는 말에 양기도 빠지고
가을바람에 나뒹구는 낙엽마냥
머리카락은 산산조각 부서진다.
호흡수행한다고 인고하는 무릎이
양기하겠습니다. 라는 학감스님의 말에
사리 되어 가슴을 쑤신다.
학감스님의 목탁 소리에
마음이 사라지면
깨달음은 깨달을 게 없다는 것을 깨닫는 순간
문수선원에 달빛만이 홀로 가득하다.

너와 나

나는 …
너는 …
그래서 네가 나다.

열 반

송장을 짊어지고
여기 기웃 저기 기웃
송장에게 똥덩어리를 씹어 먹인다

어디다 버릴지
아직도 찾지 못한 송장 구덩이
오늘은
어느 가시나 젖가슴을
씹어 먹을지
내 두 눈은 물고기 눈이 된다.

영 원

예수가 영원했나, 부처가 영원했나
그들도 영원을 찾다 한 줌의 재로 변했었는데
우리가 이들을 영원으로 신봉함에
정녕 이들이 영원한 것인지

아픔의 상처로 인한
그리움의 추억이 가득 찰 때
한 점의 꿈이
부끄럽지 않게 남아 있다면
눈을 감고
감사함을 느낄 때가 영원인 줄 알았었는데

아름다운 추억이 사진 속에 있다고 영원했었나
탐닉한다고 마음의 풍요를 영원히 느낄 수 있었나
로미오와 쥴리엣의 사랑이 영원했었나
성철의 침묵이 영원했었나
한 생각 바꾸니 영원이 없던 것을

오늘도 그 자리 그 모습으로
웃고 있는
대자연의 숨결을 느끼며
내 자신의 자연을 찾아 긴 숨 들이마셔 본다.

영원, 그것은 긴 한순만큼이나 긴 욕심일까?

그대는 내 흐르는 눈물을 가슴으로 담을 수 있는가?

하찮은 울타리 안에서도
봉선화가 피어나듯
밤마다 피어오르는 망상들 속에서
어떤 날은
술 마시고 담배 피우고 춤추며 나뒹굴면서
뜬눈으로 밤을 지새우고,
또 어떤 날은
마음도 죽이고 성질도 죽이고 물건도 부수며 밤을 지새웁니다.
아침이면
뻐꾸기 울음소리에 눈을 뜹니다.
부처,
그대는 내 흐르는 눈물을 가슴으로 담을 수 있는가?

그게 뭐라고

이놈의 여편네가 꼭두새벽부터
노루 소리를 고양이 소리라고 우긴다.
에이 그게 뭣이라고 그래 니가 맞다.

친구놈이 인생에 대해 게거품 물고
돈돈돈 돈이 문제라며 돈소리를 하다.
미친놈 그래 돈인생 니 말이 맞다
그놈의 돈이 뭣이라고.

딸년과 아들놈이 정치에 대해 갑론을박을 한다.
끼어들려니 무식한 아빠는 빠지란다.
고개 숙여 방문을 닫고 나온다.
그놈의 정치가 뭣이라고 까짓것

화단에 심어 놓은 채송화가 죄송 죄송하며
바람에 고개를 숙인다.
그래 내가 뭐라고

뭔 말인고 하면

겨울은 눈이요 사랑은 그대이구나
장작을 패 보니
생멸이 끊긴 아궁이에
불길만 타오르는구나
뭔 말인고 하면
나는 모른다

과거 현재 미래 발 둘 곳 없는데
나는 어디다 사랑과 그리움을 품을까?
고약한 저놈은 저만치서
한가로이 공기놀이하고 있다
뭔 말인고 하면
나는 모른다

채송화 씨 하나가 배가 고파
동해 바닷물을 다 마셨는데도
배가 고파
우주를 다 삼켜 버렸다
이 뭔 말인고 하면
나는 모른다

귀향

허공이 진공묘유라
낙엽이 춤을 추고
새들이 자유를 품는다

눈 한 번 깜박이니
우주가 본마음 안에 있네
부처는 있고 나는 없음으로
귀향한다

텅 빈 마음

당신이 없는 동안
꽃이 그리워
꽃을 따러 다녔습니다

이리 보고 저리 보아도 꽃은 꽃이었지만
내가 찾는 그런 꽃은 보이지 않습니다

순수한 당신을 알고 난 뒤
나를 내려놓을수록
당신만으로 가득 차는 것을

거울에 향기 그윽한
당신이라는 꽃만 붙여 놓습니다

자 유

녹은
어머니의 살을 야금야금 먹고는
자유를 찾는다

그물집

누구라도 부담 없이 쉴 수 있고
미련 없이 떠나갈 수 있는
한가한 그물집을 완성했다

시장통에 가서
초대장을 돌려야겠다

초대장
1. 일시 : 지금
2. 장소 : 여기
3. 대상 : 보살을 포함한 누구나
4. 내용 : 한가한 그물집을 짓는 방법
5. 강사명 : 황만
6. 약력 : 무

탐착은 부처다

복날에 보양한다고 지인들 따라다녔더니
얼굴에 기름이 반들반들하다
중생들 덩치가
백회까지 반들반들하다
남녀노소 부처님께
적게 먹고 보시나 해야겠다
방귀기 나오면 환경오염일까?
ZZZ
그 생각이 탐착이다.
탐착만 하지 않음 부처다

또~옥 같다

다들 알지만
태어날 때
두 주먹 불끈 쥐고 태어나
죽을 때
손바닥 펴고 죽는다

알면 뭐하나
실천을 못하는데
그게 그대의 현주소라네
그러니 안다고
나불거리지 마라
흘러가는 구름은
말없이 사라지지 않더냐.

더 이상 먹을 것이 없다

먹고 먹고 또 먹고
배때기 터질 것같이 먹었다.
더 이상 먹을 것도 먹을 공간도 없다.

숙성시켜 토해야 되는데
받아 먹을 놈이
쓰리져 기는 고목뿐이구니.

스님은 사기꾼

모든 만물이 부처이거늘
성불하세요, 기도해서 복 받으라고 한다.
있지도 않은 복을 매개로
사기치는 스님
아마 다음 생에는
여우로 태어나겠네
입 없는 여우야 많이 먹어라

*행여나 하는 마음으로 부연 설명을 합니다. 스승을 존경하는 스님이 절에 오는 신도에게 "우리 스승은 아무것도 모릅니다."라고 떠벌리는 것은 어떤 연유인지요?

강대성
산 문

인생은
완성해가는
여정

자유인은 팔자 고치는 사람이다

　예수님도 부처님도 자신을 내려놓은 선각자다. 내려놓는다는 것 자체도 내려놓은 우리들의 우상이며 닮아 가야 하는 선각자다. 그들은 지구에서 많은 사람들을 선각자로 만들기 위해 자신의 신체를 아끼지 않은 분이시다. 그분들로 말미암아 지금 지구인은 그분을 닮아 가기 위해 많은 노력을 기울이고 있다.
　무소유의 걸음을 걷고 있는 종교 지도자들에 의해 우리는 마음의 짐을 많이 내려놓고 있는 중이다. 물론 종교인이 아니라도 그렇게 살기 위해 노력하는 은둔자들도 있을 것이며 어두운 곳에서 빛이 되어 살아가는 분도 있을 것이다. 이들도 예수님과 부처님처럼 다음 생에 팔자 고친 사람으로 거듭나서 무소유의 삶으로 풍족히 삶을 살아가고 있을 것이다.
　우리는 많이 가지려고 한다. 우리는 많이 가지고 있음에도 더 가지려고 한다. 우리는 더 많이 가지고 있음에도 다른 사람보다 더 가지려고 욕심을 낸다. 다들 알고 있지만 가실 때는 다들 내려놓고 감에도 말이다. 선각자들은 가진 적이 없는데도 우리는 교회나 사찰에서 기도를 하면서도 내려놓지 못하고 더 가지기 위한 기도를 한다.

스스로에게 질문을 해 보라. 지금 재산의 반을 줄이면 더 행복해질 수 있다고 하면 당신은 그 반을 과감히 강물에 버릴 수 있는지를.

스님, 신부, 목사들은 재산이 없다. 그러면서도 일반 사람들의 행복을 기원하며 예수님과 부처님의 무소유에 대한 법을 전하신다. 하지만 우리들이 받아들이는 것은 미약하다. 팔자 고치기는 쉬운 일이 아님에도 우리는 욕심에 가린 마음이 기억하고 생각하고 망상하는 대로, 사회가 일러주고 부모가 가르쳐준 대로, 선생님이 가르쳐 주신 돈을 많이 버는 직장을 가기 위해 공부를 하고 가르쳐 주신 대로 삶을 살아가고 있다. 태어나서 순수한 정신력은 다 버리고 지구에서 더 많이 가지기 위한 탐심만으로 살아가고 있는 중이다.

사람은 스스로 살아가지 남에 의해 사는 것은 결코 아니다. 아무리 부모가 잘 가르쳐도 자식은 나중에 스스로 결정해서 자신의 운명을 개척해 가는 것이다. 돼지에게 아무리 맛있는 음식을 줘도 배부른 돼지는 먹지 않는 법이다. 그러니 남의 일에 간섭하는 것보다 내가 모범으로 행동을 하면 되는 것이다. 그러면 자식은 알아서 올바른 선택을 하는 것이다. 예수님과 부처님처럼. 그분들은 배움을 청하러 오는 사람에게는 한없이 친절했다. 그리고 이끌어 주셨다. 정신을 차려야 된다. 그래야 팔자 한번 고칠 수 있다. 그래야 선각자가 말씀하시는 내용을 실천으로 승화시킬 수 있는 것이다.

마음이란 욕심이 가려져 있어서 정신을 차리지 않으면 욕심을 떨쳐낼 수 없는 법이다. 소욕지족小欲知足. 즉, 작은 것에도 만족하는 것으로 〈나는 자연인이다〉라는 프로그램에서 자유인들을 보면 한결같이 지금이 최고 행복하다고 한다. 놓으면 행복인데 욕심이 우리들의 본 성품을 흐리게 하고 있다. 우리 내면에는 본 성품이 항상 부처님처럼 예수님처럼 살아갈 수 있는 자유인이 되어 있다. 무소유하면 내생來生에 팔자 고친다는 말이다.

사다리

   삶의 목표는 대부분 행복이라 말한다.
   어떤 중학생이 자신의 장래희망은 기술자가 되어 모든 사람들이 살아가는데 편리한 기기를 만드는 것이라고 했다. 그리고 지금 이 공부가 너무 재미있다고 했다. 그렇다. 지금 이 공부가 수단이지만 수단이 즐거우면 장래희망은 절로 따라오는 것이다. 그래서 수단이 목표가 되어야 된다는 것이다.
   삶의 수단은 지금 여기서 행복을 위해 최선을 다하는 것이다. 최선을 다한다는 것은 남을 이기는 것이 아니라 더불어 나아가야 함에도 나의 탐심으로 인해 타인보다는 더 높은 성취를 위해 최선을 다하려고 안간힘을 쓴다. 목표 달성을 못할까봐 두려움을 안고서.
   수단이 순수해야 목표는 가만히 다가온다는 것을, 수단이 목표가 되어야 행복이 다가온다는 것을, 수단이 맹목적인 수단이 된다면 원 목표는 다가오지 않고 다가서면 멀어져 사람들은 탐착으로 잃어버린다.

　멋진 울산바위를 보라. 얼마나 걸작인가. 그러나 정상에서 울산바위를 볼 수 있는가? 울산바위의 일부분을 보거나 기껏 주위 풍광을 볼 수 있을 뿐이다. 처녀 총각이 사랑에 빠져 세상에서 둘도 없는 나의 반쪽이라며 상대방을 쳐다보지만 결혼을 하면 자기 것에 대한 가치를 스스로 소홀히 한다. 남의 떡이 더 크게 보이는 것이지만 탐착만 내려놓으면 결혼 전이나 결혼 후나 나의 연인의 가치는 그대로다. 탐착貪着만 내려놓으면 결혼은 매일 로또 1등이 터지는 것이다.

　간간이 우리나라 지도자들의 말로가 참으로 안타까운 결과로 나타난다. 권력을 한 계단 한 계단 올라가다 보면 사다리의 맨 꼭대기는 아주 불안하다. 세상을 아래로 쳐다보겠지만 떨어지면 올라간 계단만큼 아픈 것이다. 계단을 오를 때는 내 것을 내려놓고 올라가야 한다. 그래야 백성이 그를 받쳐 주는 법이다. 그리하면 떨어져도 백성의 위로와 격려로 재기를 하는 법이다. 내려놓지 못하고 오로지 권력만을 위해, 군림하기 위해, 지배하기 위해 오른다면 비정한 역사가 되풀이되는 것이다. 율곡 이이 선생님을 보면 얼마나 많은 것을 내려놓았나. 내려놓다 못해 입에 풀칠할 정도의 삶을 살아가신 분이다. 그러면서도 백성의 아픔을 나의 아픔으로 여기신 훌륭한 선각자이시다. 율곡 이이 선생님처럼 내려놓기를 실천하는 일은 쉽지 않다. 그러나 탐착을 버리지 않으면 행복은 요원한 일이 될 것이다.

잡 초

생의 마지막을 내가 진정으로 하고픈 일을 하기 위해 직장 생활을 접고 무작정 귀촌을 했다. 마당 한편에 30평 정도의 텃밭을 일구어 운동 삼아 여러 가지 유기농 채소를 심어 소박한 행복도 맛볼 수 있었다.

5월부터는 잡초들이 채소의 성장속도를 앞질러 6월이 되니 채소를 가리기 시작했다. 채소 주위의 풀들을 제거하고 나오니 모기에게 물려 온 전신이 가려웠다. 모기를 없애기 위해서라도 잡초는 제거해야겠다는 생각으로 틈나는 대로 김을 매기 시작했지만 열흘이 지나면 풀은 나를 놀리기라도 하듯 빈 공간을 채우고 있었다.

더구나 비가 오면 그 속도는 2배나 빨랐다. 마을 어르신이 지나가면서 잡초 씨는 땅속에 10년을 숨죽이고 살다가도 주위 여건이 무르익으면 싹을 피운다고 말씀해 주신다. 그래도 잡초와의 전쟁을 치르기로 결심을 하고는 책 읽는 시간을 조금 줄이고 잡초를 뽑는데 시간을 좀 더 할애하여 풀을 뽑으니 텃밭이 한결 깨끗해 보였다.

열흘이 지나니 역시나 잡초는 장소를 가리지 않고 올라왔고 그런 잡초와의 싸움을 반복하다 보니 어느새 가을이 성큼 다가왔다. 풀들도 성장속도를 줄이고 씨앗을 맺기 시작하였다. 나는 씨앗이 맺으면 내년에 잡초로 환생할까봐 꽃이 피는 잡초부터 제거하여 거름으로 활용하기 위해 한쪽 구석에 모아 두었다. 그러나 그때는 이미 늦었다. 잡초의 뿌리는 흙에 지탱을 못 해 자신의 모든 것을 씨앗에게 온전히 내어 주고는 말라 흙으로 돌아가지만 그 희생으로 많은 씨앗을 생산해 내었다.

잡초들의 그 삶을 보면서 잡초나 사람이나 살아가는 것은 또~옥 같네. 단지 나는 반복된 삶을 더 많이 한다는 것을 직감했다.

"그래 잡초야 채소 근처에는 살지 말고 무럭무럭 크거라. 그리고 모기도 잘 키워 맹꽁이 살찌게 하고 가끔 나도 모기밥이 되어 줄게."

이게 자연의 순리이며 자연의 일부인 나의 순응이었다. 잡초가 땅을 부드럽게 하고 먼지를 일으키지 않게도 함을 그 다음에 책을 통해 알게 되었다.

사람도 인격 있는 사람, 인격이 땅에 곤두박질치는 사람, 사회에 필요한 사람 사라졌으며 하는 파렴치한, 돈 많은 사람 궁핍한 사람 등 다양하게 있지만 사회 약자나 낙오자도 사회의 한 일원으로 당당히 제 역할을 하고 있음을 잡초를 통해 알게 되었다. 담배 꽁초 버리는 사람이 있어야 청소부 아저씨가 있고, 우체부 아저씨가 있으니 그대의 소식을 앉아서도 받을 수 있고, 내가 있어 네가 살듯이 네가 있어 나도 산다는 것을. 그 어떠한 미물도 그대가 있어 내가 있다는 것을 나는 잡초를 통해 알게 되었다.

인생은 이기는 것이 아니라 완성해 가는 여정이다

우리가 학교에 돈을 내고 배우러 가는 궁극적인 목적은 무엇일까? 아마도 학문을 통한 인격 완성에 있을 것이다. 그럼 인생의 목표는 무엇일까? 대부분의 사람들은 행복이라 말할 것이다. 물론 행복이 아닌 사람도 있을 것이지만.

울산바위 정상을 가는 것이 목표라고 정할 때 지금 올라가는 한 걸음 한 걸음은 수단이 될 것이다. 이 수단에 최선을 다해서 꾸준히 걷는다면 어느새 울산바위 정상에 당도할 것이며 풍광은 즐기면 되는 것이다. 마찬가지로 지금의 노력 없이 목표만 생각하면 잘 이루어지지 않을 것이며 그러다 보면 자탄에 빠지고 원인을 타인으로 돌리며 신세를 한탄하다 세월을 보낼 것이다.

인생을 살아간다는 것은 행복을 추구하는 올바른 항해일 것이다. 즉 인생은 행복을 찾아 항해하는 것으로 항해를 잘하면 행복은 절로 따라온다. 다시 말해서 항해가 목표가 되면 행복은 부수

적으로 따라온다는 말이다.

하지만 세상을 산다는 것이 그리 호락호락하지 않고 살아간다는 것이 관계 속에서 나를 낮추는 것(인격)임에도 나를 앞장세우고 타인을 눌러 내가 나라는 것을 더 뽐내는 삶, 더 많이 가지는 삶을 선생이나 부모나 사회가 가르치고 요구하고 있다.

학교에서 맞춤식 수업이라는 것이 인격 수양이 아니라 좋은 학교에 가서 좋은 직장을 얻어 좋은 아내, 남편을 만나 좋은 가정을 꾸릴 수 있도록 가르치고 있다. 가장 기본인 인격은 도외시하고 공부 잘하면 그렇게 될 수 있으니 오로지 공부에만 전념을 시킨다. 결국 남을 이기는 방법을 가르치는 사회가 되었으니 당연히 물질만능주의, 개인주의가 만연할 수밖에 없다. 공부 잘하여 좋은 직장에 다니면서 기술을 빼돌려 중국에 팔아넘기는 일이나 과학을 악용하여 사람을 죽이는 무기로 활용하는 일들은 좋은 하나의 예가 된다. 이것은 사회구조적인 모순이면 사회구조적인 모순을 바꾼다는 것은 너무나 어려운 현실이 되어 버렸다.

인격은 최소한의 것으로도 행복된 삶을 가져 줌에도 많이 가짐이 행복이라는 것을 사회는 요구하고 있다. 근본이 통하는 사회, 근본으로 돌아가자고 구호를 외치는 속내를 보면 가진 자의 이기적인 발상임을 쉽게 알 수 있다. 리더가 내려놓지 않고 말하는 근본은 근본이 아님을 다시 절감한다. 옛말에 윗물이 맑아야 아랫물이 맑다는 말이 있듯이 윗물이 내려놓지 않는데 어찌 아랫물에 전파가 되겠는가? 윗물이 하심下心하지 않는데 어찌 아랫사람이 윗사람을 존경하겠는가 말이다.

나눔의 행복을 주장하지만 겉모습만 나눔을 주고는 속내는 더 큰 가짐을 요구하는 것이 현 사회의 리더들이다. 리더는 희생과 봉사가 기본이다. 가정에서 부모가 자녀 대하듯 하면 올바른 리더가 될 수 있음에도 회사의 사장이나 국가기관의 권력자들은 도대체 어떻게 하고 있는가.

   삶의 목표는 행복이다. 삶의 수단은 지금 여기서 행복을 위해 최선을 다하는 것이다. 최선을 다한다는 것은 더불어 나아가며 실천해야 함에도 나의 탐심貪心으로 타인보다 더 높은 부의 창출을 위해 남을 이기려고 한다. 남을 이기려고 하는 순간 행복은 멀어지고 만다는 사실을 사람들은 망각한다. 수단이 순수해야 목표는 가만히 다가온다는 것을, 수단이 목표가 되어야 행복이 다가온다는 것을, 수단이 맹목적인 수단이 된다면 원 목표는 다가오지 않고 다가서면 멀어지게 된다는 것을 사람들은 탐착貪着으로 잃어버린다. 인격은 작은 것에도 만족하고 적게 가짐에도 행복해 할 수 있다는 것을. 이를 통해 인생은 이기는 것이 아니라 완성해 감을 통찰해야 되겠다.

   인생에는 성공과 실패란 없다. 성공에서 배려를, 실패에서 다시 일어서는 용기를 배우는 것일 뿐 오로지 인격 도야를 위한 도전만이 있을 뿐이다. 삶의 목적은 인격 완성이다.

오른손이 하는 일을
왼손이 모르게 하라

— 무주상보시

참으로 안다는 것은 언행일치가 되었을 때 즉 말보다 행동으로 보일 때 우리는 그를 인격자라고 부른다. 무주상보시無住相布施란 주는 사람이나 받는 사람이나 주는 물건도 받는 물건도 없이 전달되는 것이다. 이는 나도 없고 그대도 없고 즉 나와 그대는 하나임을 실천하는 일이다. 이를 통해 나는 삶의 근본부터 새롭게 일구어 가고 있다.

여지껏 나는 거짓말로, 교만과 과시로 일관되게 살았는데 직장을 그만두고 나 자신을 진정 되돌아보면서 이리 살면 안 된다는 결론을 내렸다. 지금 다시 사회생활을 한다면 좀 더 나은 생활을 할 수 있지 않을까 생각하지만 이 또한 욕심임을 알기에 지금의 공부가 참으로 고맙고 또 고마울 따름이다.

미국에서 보이스카웃이 창단된 계기는 미국의 중년 신사가 영국의 지인 집을 방문하러 갔는데 안개가 끼고 초행길이라 길을 찾기가 힘들었다. 마침 지나가는 여학생에게 물어 보니 집 앞까지 안내를 해주었다. 감사의 마음을 전하고 싶은 중년신사는 학생에게 작은 사례를 하려고 하자 여학생은 극구 사양을 하면서 오히려 착한 일을 하게 해 주신 신사분에게 고맙다는 인사를 하며 사라졌다. 이 중년 신사는 이를 계기로 미국에서 보이스카웃을 창설하고 학생들에게 하심下心과 선행의 교육을 이끌어 내는 클럽을 창설한 것이다.

보이스카웃 정신으로 삶을 일구어 보려 했지만 가족과 나에 대한 집착 때문에 항상 간과하며 살았었다. 지금은 무주상보시를 거울로 삼고 '삶이 꿈인 줄 알면 꿈이 삶이다'라는 말과 '60년 전에는 내가 넌 줄 알았는데 60년 후에는 네가 나였구나'라는 말을 생활의 받침으로 여기고 살아 보지만 참으로 어렵다. 그만큼 예수님의 무주상보시를 실천하기란 여간 힘든 일이 아님을 알게 되었지만 그렇게 되도록 아주 작은 실천을 해 보려고 노력 중이다.

성경에 오른손이 하는 일을 왼손이 모르게 하라(무주상보시)는 말이 있다. 나는 베풂은 물질적인 것만 생각을 했었다. 신체적 정신적 물질적으로 남을 이롭게 하는 모든 것들이 베풂임을 이제사 깨달았다.

이런 글을 쓰면서도 나의 행동은 아직 한참 멀었다는 것을 지금도 거짓말을 하고 있다는 것을 통감하며 꾸준한 통찰과 행동 교정으로 작은 교정이라도 하려고 한다.

투자

우리나라 산에는 도토리나무가 많을 뿐만 아니라 종류도 다양해서 산에 오르면 무슨 도토리나무일까 궁금하다. 또 다람쥐는 어떤 도토리를 좋아하는지 궁금하기도 하다. 다람쥐는 땅속 여러 곳에 도토리를 묻어 겨울 채비를 한다. 그중 한두 곳은 다음 세대의 다람쥐를 위해 나무로 키운다. 까치밥 남겨 놓는 촌놈의 작은 배려 속에는 우주의 순리가 있다. 새들이 까치밥을 먹고 씨앗을 여러 곳에 퍼뜨려 더 많은 유실수를 키워낸다. 그 유실수는 많은 생명들에게 휴식과 여유, 안락함을 제공한다. 이런 식으로 자연은 복리의 이자를 후손들에게 제공한다.

그런데 만물의 영장인 인간은 오로지 나만을 위한 투자를 한다. 남이야 어찌 되었든 나만 잘되면 된다는 욕심에 자연이 준 나무를 베고 생명을 하찮게 여기는 생명경시 풍토가 만연해졌다.

사실 나만을 위한 투자는 근시안적인 투자로 투자라는 단어보다 투기라는 말이 맞는 것 같다. 나만을 위한 투기는 절대 이자가 붙지 않는다. 이자는 고사하고 자만심, 불신, 욕심을 낳는 적자통장만 쌓이게 된다는 것이다. 이러함에도 나만의 욕심의 굴레에서 헤어나지 못하고 다음 세대에게 그대로 욕심이라는 고통을 넘겨준다. 나눔은 더 큰 나눔으로 나에게 다시 돌아옴을.

사실 지금 내가 괜찮은 환경에서 살고 있는 것도 고마운 조상이 온전히 물려주었기에 가능했듯이 다음 세대에게 좀 더 나은 환경을 제공하기 위해 미래를 위한 투자를 해야겠다. 우선 정동 마을 저수지에 있는 쓰레기부터 수거해야겠다.

능소화

내가 거처하는 곳 대문 입구에 호두나무를 심어 두었는데 어찌나 잘 크는지 몇 개 안 되는 호두를 수확하려면 목이 아플 정도다.

몇 년 전에 옆집에서 능소화 나무를 주기에 호두나무 옆에다 심어 두었는데 작년부터 호두나무에 능소화 꽃이 몇 송이 피더니 올해는 만발하게 피었다. 지나가는 사람마다 호두나무에 꽃이 피었다고 난리다.

능소화는 군자라는 의미를 갖고 있는데 군자라 함은 자신의 일을 도모함에 타인에게는 해를 끼치지 않고 도모하는 사람이다. 역시나 능소화는 자신의 꽃을 피우기 위해 호두나무를 이용하여 올라가지만 호두나무에는 피해를 전혀 주지 않고 오히려 호두나무를 더 돋보이게 하면서 자신의 꽃을 피워내는 것이었다.

능소화를 볼 때면 뻐꾸기 소리도 시원하게 듣게 된다. 아마 서로 사랑하는 사이인가 보다. 나는 능소화를 보면서 군자의 자태란 이런 것이구나 하며 하루를 살아간다. 내년 봄에는 호두나무에 뻐꾸기가 앉아 능소화와 사랑을 주고받는 소리를 기대해 본다.

공생

— 일어나지 말아야 할 일은 없다

세상에는 일어나지 말아야 할 일이란 없습니다. 다시 말해 일어날 만하니 일어나는 것입니다. "그런데 왜 하필 나에게 이런 일이 일어날까"라는 생각을 합니다. 아무리 생각해도 나에게 왜 이런 일이 일어나는지에 대한 이유를 찾지 못할 것입니다. 아마 그분은 이유를 자신에게서 찾지 않고 타인에게서 찾으니 찾지도 못하고 울분만 쌓이는 것입니다. 탐심貪心을 내려놓아야 '아, 그렇구나'라는 것을 알 수 있습니다.

아파트 담벼락에 핀 민들레꽃은 마음의 여유가 있는 사람만이 바라볼 수 있습니다. 여유가 없으면 보여도 보지 못하는 법이지요. 그러니 여유를 갖고 자신을 찬찬히 살펴보아야 됩니다.

사람은 편식을 좋아합니다. 늘어나는 것을 좋아하고 줄어드는 것은 싫어하지요. 늘어나면 베풀어 줄 수 있는 것이 많아 좋고 줄어들면 비워내서 좋은 것인데도, 편식으로 인해 마음의 여유를 스스로 파괴하는 것입니다. 싫다고 회피해서 해결되는 것도 아니니 받아들이면 됩니다.

　다음에 더 큰 도약을 위한 발판이 반드시 찾아옵니다. 크든 작든 반드시 돌아옵니다. 코로나도 마찬가지입니다. 올 만하니 온 것입니다. 서민들은 장사가 안된다고 울상입니다. 안 그래도 경제가 안 좋은데 코로나로 더욱더 울상입니다. 참 안타까운 마음입니다. 이럴 때일수록 마음을 조급하게 먹으면 안 됩니다. 마음을 편하고 느긋하게 먹고 공생을 해야 합니다. 그리고 사회적 거리두기, 마스크 쓰기, 여행 시 질서 유지, 특히 마음을 편하게 해서 여유로운 생활을 하는 것이 무엇보다 중요합니다. 특히 젊은 친구들은 넘쳐나는 에너지 발산을 못 해 안달이 날 수도 있지만 그럴수록 남을 생각하고 자제하며 마음수양이다 생각하고 운동을 통해 에너지를 발산하는 것도 한 방편입니다. 여행을 통해 자신을 발견하고 소상공인들에게 도움이 되는 여행이라면 참으로 좋은 것 같습니다. 하지만 지킬 것은 지키면서 여행을 하면 좋을 듯합니다. 그러다 보면 코로나는 미안해서라도 물러납니다. 물론 적절한 방역과 신약 개발은 병행되어야겠지만. 우리는 공생이라는 것을 마음에 새겨야 됩니다. 같이 가야 합니다. 미안해야 갑니다. 아무리 미운 사람도 잘해주면 그 사람도 좋아하게 되어 있듯이 공생을 통해 코로나를 물리쳐야 하는 것입니다.

　지금 우리나라 농촌에서 제초제를 얼마나 사용하는지는 모르지만 노인들의 농촌생활이라는 것이 힘들어서 제초제를 사용해야 생활이 됩니다. 적게 먹고 적게 쓰는 것이 환경을 살리는 길임에도 수확을 많이 하면서 편하게 하기 위해 제초제를 사용합니다. 통계는 보지 못했지만 제가 살고 있는 이곳에서는 제초제 사용을 하지 않는 사람이 없습니다. 풀이 살지 못하면 내가 키우고자 하는 작물도 자랄 수 없는데도 제초제를 마구 뿌립니다. 제초제를 사용하는 사람은 정상이고 사용하지 않는 사람은 정상인이 아니게 되었습니다. 제초제를 사용하면 땅속에 지렁이가 사라집니다. 땅을 부드럽게 만들어 주는 지렁이는 작물을 수확하는데 많은 이바지를 하며 땅의 한 주인임에도 우리는 지렁이의 삶을 나의 부를 위해 빼앗아 버렸습니다. 미국 개척시대의 인디언 추장의 글이 스쳐 지나갑니다. 그분의 예언대로 되는 것 같아 안타깝습니다.

아마존의 문제도 그러합니다. 지구의 허파라고 하는데 자꾸 개발을 하면 우리가 마셔야 하는 산소는 고갈이 될 것입니다. 아마 산소를 만들어 내는 산업이 활성화되겠지요. 봉이 김선달이 대동강 물을 팔아 먹었듯이.

그리고 지금은 생수들이 많이 나오고 있습니다. 지천에 있는 것들을 돈을 벌어서 사서 먹어야 하는 판국이 되어 버렸습니다. 산소를 마시기 위해 일을 해야 하는 판국이 또 벌어지게 됩니다.

소욕지족少慾知足의 삶이 우리들을 편하게 만들고 건강한 지구를 만들어 내는 것입니다. 자연과 공생하는 것이 나중에 나에게도 그대의 가족에게도 유익함으로 돌아온다는 것을 잊지 마시고 우리끼리도 그리고 다른 종에게도 함께하는 삶을 살아갑시다. 공생하는 것이 나를 지키는 것입니다. 공생을 하다 보면 코로나는 아마도 우리에게 좋은 병원체가 되어 나타날 것입니다.

여 행

　대한민국 여행은 다양한 테마들이 많아 방방곡곡을 누비려면 평생을 다녀야 될지도 모른다. 특히 맛집투어는 사람마다 입맛이 조금씩 다르기 때문에 이야깃거리가 많은 것 같다. 그리고 맛집 여행을 하는 사람의 정보력은 대단하다. 위치는 물론이거니와 시간대의 손님 현황까지도 나오니 참고가 많이 되는 부분이다.
　그러나 나는 인터넷을 무시하고 돌아다닌다. 세상을 잠시나마 벗어나고파서 혼자서 돌아다닌다. 장소만 정하면 무작정 구석구석을 돌아다닌다.
　그런데 재미난 사실은 공양시간이다. 4시에 먹는 습관으로 가는 식당마다 한가한 편이다. 더구나 조용하게 먹고 싶어 손님이 없는 집을 선호하는 편이다. 그래야 주인장하고 여행에 대한 정보도 구할 수 있고 정이 넘치는 할머니를 만나면 밥 한 그릇은 덤으로 먹을 수도 있다.

맛집의 대표적 상징이 맛있다, 위생적이다, 손님이 많다를 내포할 수 있을 것이다. 손님이 많으면 식재료도 계속 신선한 것만 공급이 되니 맛이 있을 수밖에 없는 것 같다. 그렇지만 요즘 코로나로 인해 되는 집은 여전히 잘 되는데 안 되는 집은 더 안 되는 편이다. 가슴이 아프다.

여행의 묘미는 다양한 경험을 통해 나의 인격 형성에 이바지하는 경험들일 것이다. 그래서 나는 위생적이면 맛집은 가지 않을 심산으로 다닌다. 남이 다니지 않을 때 열심히 다니고 남이 열심히 여행을 다니면 나는 가급적 거처에서 텃밭을 가꾸며 노는 편이다. 맛은 내가 워낙 잘 굶고 다니는 편이라 무엇이든 잘 먹는 편이다. 그리고 손수 지어 먹는 공양보다는 다들 맛이 있는 편이다. 손님이 없다는 것은 내가 그만큼 편하게 먹어도 되니 쉬엄쉬엄 먹고 나온다. 너무 맛집을 찾지 않아도 대한민국의 식당은 다들 맛난 편이다. 음식은 나의 배를 채워서 나의 수양에 도움이 되면 되는 것이다. 마지막으로 '여행은 무소의 뿔처럼 혼자 다녀라'라는 말을 남기고 싶다.

망년회

2018년 12월 31일 술시, 드디어 망년회 회식을 했다. 간만에 화려한 술판을 벌일 심산으로 세 명을 집으로 초대했다. 평소에 가장 친한 이들이라 술이며 안주며 어제부터 준비를 했다.

그들은 과거, 현재, 미래의 친구들이다. 술을 마시면서 내가 제안을 했다. 오늘은 서로의 1년 감정을 넋두리해서 2019년에는 잊어 버리는 것으로 하고 진행은 내가 하기로 했다. 먼저 과거가 넋두리했다.

사람들은 과거란 니놈이 잘했으면 간도, 대마도가 우리 땅이 되었을 거고 그러면 남북대립도 없었을 거고 일본이 깐죽도 못될 건데 하며 잡아먹을 듯이 덤벼든다. 그리고 어떤 사람은 그때 실수만 아니 했어도 이 꼴은 면했을 건데 이놈의 과거가 나의 발목을 잡는다고 하소연이다. 사람들은 과거를 발판으로 삼아야 됨에도 모든 책임을 과거인 나에게 전가한다.

그러자 미래도 맞장구를 치며 이야기한다. 나 미래는 사람들에게 꿈과 희망을 선사함에도 잡힐 듯하면서도 잡히지 않는다고 욕한다. 그리고 잡았으면 나에게 고맙다는 인사보다는 더 큰 희망을 갖고 안 잡힌다고 욕한다. 사람들이 욕심을 적당히 부려야 함에도 끝도 없는 욕심으로 나 미래를 괴롭힌다.

그러다 참고 있던 현재가 맞장구를 치며 이야기한다. 사람들은 자신의 처지를 잘 직시해서 지금 여기에서 최선의 노력을 하지 않고 자신보다 나은 사람과 비교해서 내 꼬락서니는 왜 이럴까 하며 현재인 나를 탓한다. 자신보다 못한 사람들은 생각하지 않고. 자기 꼴을 알면 열심히 살아야 함에도 현재인 나에게 욕만 한다. 참으로 비통하다.

가만히 듣고 있는 내가 한마디했다. 과거는 더 이상 오지 않을 것이니 너의 존재 이유는 없다. 오늘이 마지막이다. 그리고 미래는 오지 않았음에도 사람들에게 불안만 조성했으니 너도 사람에게 필요한 존재가 아니니 너도 오늘이 마지막이다. 그리고 현재는 사람들에게 분별의 아픔을 주었으니 너도 사람들에게는 무익하다. 내 오늘 너희에게 마지막으로 불잔의 잔치를 베풀어 주었으니 다시는 사람들에게 나타나지 말도록 해라. 나는 사람에게 해만 끼치는 너희 셋을 이제 친구로 여기지 않겠으니 너희들도 자중을 해서 나타나지 않기를 노력해라. 자 마지막 망년회를 위해.

내가 아는 불교는?

팔자 고치는 철학이며 종교다.
일반인들이 불교에 대해 많이 궁금해하거나 알아야 될 내용 위주로 작성했다. 그리고 아직은 식견이 좁으니 참고용으로 보면 좋겠다.

1. 단어의 의미

가. 육체 : 짐승의 몸
  본능적인 행동을 하는 고깃덩어리로 자비 같은 것을 거의 모르고 사는 동물이다. 그래도 불성은 있다. 조주선사의 무는 무엇일까? 중생이 부처임을 알면 충분히 알 수 있다.

나. 신체 : 사람의 몸 즉 선을 행하기 위해 움직이는 몸을 말한다.
  갓난아기가 물살이 센 강으로 엉금엉금 기어가고 있는 것을 본 사람이 그 광경을 구경만 하면 그 사람의 몸은 육체일까, 신체일까? 짐승만도 못한 인간이면 육체일 것이요, 짐승의 탈을 쓴 사람이라고 하면 신체일 것이다. 우리는 지금 내가 움직이는 것이 육체인지 신체인지 잘 살펴보고 중생의 이익을 위해 몸을 사용하는 신체를 잘 가꾸고 다스려야 되겠다.

다. 마음 : 기억하고 생각하고 망상하는 것으로 신구의 3업을 내포하고 있다.

라. 정신 : 마음을 억제시킬 수 있는 깨어 있음을 말한다.

일상에서 정신 차리라는 말은 욕심을 버리라는 말이다. 축구에서 욕심이 있는 선수는 옆에 동료가 있는 것을 알지만 보지 않고 슛에만 관심을 가지지만, 욕심이 없는 선수는 정확히 동료를 보고 슛을 할지 동료에게 줄지를 직관으로 알아차린다.

바둑을 두고 있는 당사자는 이기기 위해 둔다. 이긴다는 것은 욕심이다. 그러나 구경꾼은 욕심이 없어 바둑이 눈에 더 잘 들어온다. 이는 욕심이 없기 때문이다. 큰스님의 활이나 천둥소리에 놀라는 것들은 다 정신 차리라는 말이다.

마. 영혼 : 이승의 마음을 고스란히 담아 다음 생으로 가는 진공묘유

이승에서 깨달으면 영혼은 담을 것이 없다. 영혼이 영혼을 담는 것이 다.

※ 위의 내용은 개인의 의견이니 참고만 하십시오.

2. 중생이 부처임을 알면 마음이 맑아진다.

　무학대사와 이성계의 대화내용에서 무학대사는 이성계를 부처로 본다. 상대가 부처이면 내가 바로 부처다. 상대가 괴물로 보이면 나의 내면에 괴물이 들어앉아 있는 것이다. 나를 낮추고 상대를 받들어 모시는 그 마음이 부처의 마음이다. 부처의 마음은 있는 그대로 보는 것이며 있는 그곳에 그 무엇도 가미하지 않는 것이다. 부처와 중생은 종속관계가 아니라 평등관계다. 단지 자신이 부처임을 모르기에 일깨워 주는 것이다.

3. 평상심이 되다

　응무소주 이생기심으로 무심행이다. 즉 욕심 없이 행하는 것으로 회사업무를 진급을 위해, 돈을 더 많이 벌기 위해, 칭찬을 받기 위해 등의 욕심을 갖고 하면 퇴근하면서 칭찬받아서 한잔, 꾸중 들어서 한잔을 하게 된다. 물론 안주는 상사 씹기나 자기자랑이겠지만. 그러나 욕심 없이 행하면 동료와의 술동참에도 여여히 마시게 된다. 집에서도 마찬가지로 가족들이 잘 되도록 하기 위해 간섭하고 야단치고 칭찬하고 어떨 땐 체벌까지 한다. 이는 가족을 자신의 소유물로 보고 그런 행동을 하는 것이므로 자신을 내려놓는 연습을 해야 된다. 욕심 없이 내가 모범적인 행동을 하면 가족들은 서서히 그대가 원하는 대로 되어 간다. 미켈란젤로는 화단을 가꾸는 일을 할 때 돈을 버는 것이 아니고 화단을 아름답게 하기 위해 최선을 다했으며 보이지 않는 곳에도 정성을 들여 조각을 했다. 남이 알아준다고 해서 하고 알아주지 않는다고 해서 하지 않는 것이 아니라 스스로가 미진한 부분을 알기에 스스로가 노력하는 것처럼 진심으로 하면 평상심이 되는 것이다.

4. '이 뭐꼬'의 화두는 무엇을 담아 내고 있을까?

과거심 불가득 현재심 불가득 미래심 불가득

5. 깨달으면 열반인데 열반하면 어디로 가는 것일까?

한 번 고민해 보시길. 위의 내용을 다시 잘 살펴보시면 알 수 있을 것이다.

그래서 불교는 팔자 고치는 철학이며 종교다.

어쩌면 나는 사기꾼일 수 있다. 왜냐하면 그대가 부처인데 부처보고 팔자 고치라고 하니까.

6. 지옥과 극락이 있을까?

그대가 지금 하는 일이 극락이다. 그대는 극락 가기 위해 지금 일을 한다면 극락은 못 갈 것이다. 여기가 지금 극락인데 그 어디서 극락을 찾고 있는가? 이 좋은 극락에서 더불어 잘 살 수 있는 이곳이 극락이다. 극락을 위해 보시하는 것은 극락이 아니라는 것이다. 무주상보시처럼 주는 사람, 받는 사람, 주는 물건이 없는 그곳이 바로 극락이다. 즉 극락은 지금 여기서 당신의 마음이 어떠한 상태로 행동하느냐가 극락을 만들고 지옥을 만든다는 것이다.

7. 방구석에 처박혀 있으나 문만 열면 온 우주가 출렁거린다.

*이 도서의 국립중앙도서관 출판예정도서목록(CIP)은 서지정보유통지원 시스템 홈페이지(http://seoji.nl.go.kr)와 국가자료종합목록 구축시스템 (http://kolis-net.nl.go.kr)에서 이용하실 수 있습니다.
(CIP제어번호 : CIP2020039063)

망나니의 선택
그것은
인연이었다
—
강내성 시산문십

1쇄 펴낸날　2020년 9월 18일

지은이　　강 대 성
펴낸이　　오 하 룡

펴낸곳　　도서출판 경남
주　소　　창원시 마산합포구 몽고정길 2-1
연락처　　(055) 245-8818
이메일　　gnbook@empas.com
출판등록　제1985-100001호(1985. 5. 6.)
편집팀　　오태민 심경애 구도희

ISBN　　979-11-89731-66-3-03810

ⓒ강대성

＊잘못된 책은 바꿔 드립니다.
＊저자와 협의 인지 생략합니다.

〔값 11,000원〕